AF369552

Vente du Jeudi 4 Décembre 1879

HOTEL DROUOT, SALLE Nº 6

COLLECTION DE M. C. DE Rumini

TABATIÈRES, BIJOUX

PORCELAINES

ÉTOFFES DE L'ORIENT

EXPOSITION PUBLIQUE : Le Mercredi 3 Décembre 1879.

Mᵉ CHARLES PILLET,
COMMISSAIRE-PRISEUR,
10, rue de la Grange-Batelière.

M. CHARLES MANNHEIM,
EXPERT,
7, rue Saint-Georges.

1105 25

1164 25

24 12.75

122
32

CATALOGUE

DES

TABATIÈRES ET BIJOUX

ANCIENS

Jolies boîtes en or émaillé du temps de Louis XVI ; Tabatières ornées de miniatures :

Belle boîte en nacre sculptée incrustée d'ornements d'or ;

Jolie tabatière en ancienne porcelaine de Saxe ;

JOLI COFFRET-NÉCESSAIRE LOUIS XV EN AGATE ET OR

Souvenir et porte-tablettes ; Joli éventail en vernis de Martin ;

Montres ; Quelques pièces d'orfèvrerie ;

Porcelaines de Saxe et autres ; Objets variés ;

ÉTOFFES DE L'ORIENT

Composant la Collection de M. C. de R.

ET DONT LA VENTE AURA LIEU

HOTEL DROUOT, SALLE N° 6,

Le Jeudi 4 Décembre 1879,

A deux heures.

Par le ministère de Me **CH. PILLET**, Commissaire-priseur,

10, rue de la Grange-Batelière ;

Assisté de **M. CH. MANNHEIM**, Expert, 7, rue Saint-Georges :

Chez lesquels se trouve le présent catalogue.

EXPOSITION PUBLIQUE, le Mercredi 3 Décembre 1879,

DE UNE HEURE A CINQ HEURES ET DEMIE.

CONDITIONS DE LA VENTE

Elle se fera au comptant.

Les adjudicataires payeront *cinq pour cent* en sus des enchères.

L'exposition mettant le public à même de se rendre compte de l'état des objets, il ne sera admis aucune réclamation une fois l'adjudication prononcée.

Paris. — Typ. PILLET et DUMOULIN, 5, rue des Grands-Augustins.

DÉSIGNATION DES OBJETS

TABATIÈRES & BONBONNIÈRES

1 — Belle boîte ovale du temps de Louis XVI en or
émaillé en plein, à sujets de chasse finement peints en
couleurs. Elle est enrichie de cordons et de montants
ciselés à feuillages et ornements émaillés vert, rouge
et blanc.

2 — Jolie boîte ovale du temps de Louis XVI en or
guilloché émaillé gros bleu et étoilé d'or, avec cordons
et montants ciselés en relief à entrelacs, feuillages et
vases de fleurs émaillés en vert, bleu, blanc et opale.
Le dessus est orné d'une miniature portrait de femme
encadrée d'un double rang de demi-perles.

3 — Boîte ovale du temps de Louis XVI en or guilloché
émaillé gris violacé avec rosaces et ornements rapportés en or. Le dessus est orné d'une peinture sur émail
de forme ovale en hauteur, représentant Vénus et
l'Amour.

4 — Boîte ovale en or guilloché émaillé rouge et à cordons et montants ciselés. Le couvercle est orné d'un
joli portrait de femme peint sur émail. Travail du
temps de Louis XVI. Le fond rouge a été refait.

5 — Boîte ovale du temps de Louis XVI, décorée d'ornements en or et émaux de couleurs sur fond gros bleu
et à montants ornés de vases réservés en or gravé sur
fond blanc. Le couvercle est formé d'une peinture sur
émail représentant une scène de la vie privée. Travail
de Genève très soigné.

6 — Boîte à angles coupés montée à cage en or de couleur ciselé à ornements et doublée en or. Elle est
garnie de panneaux guillochés émaillés vert et son couvercle est orné d'un médaillon rond peint sur émail
représentant une scène d'intérieur sous Louis XVI.

7 — Boîte oblongue à angles arrondis et rentrants en or
émaillé gris bleuté et à cordons décorés d'ornements
d'or. Le couvercle est orné d'un portrait du roi Louis
XIV peint sur émail.

8 — Boîte ovale en or émaillé violet avec cordons et pi-
lastres décorés d'ornements d'or sur fond bleu clair. Le
couvercle est orné d'une jolie peinture sur émail de
forme ovale en hauteur représentant une scène tirée
de l'histoire de Troie. Epoque Louis XVI.

9 — Bonbonnière ronde en or émaillé fond bleu gris à
cordons formés de couronnes de chêne émaillées en
couleurs et à médaillon de paysage au centre du couvercle. Époque Louis XVI.

10 — Jolie petite boîte ovale du temps de Louis XV en or
de couleur ciselé sur fond rayonnant décorée de
groupes de fruits.

11 — Tabatière oblongue à angles coupés montée à cage
et doublée en or. Elle est ornée de six panneaux peints
sur émail et représentant des sujets allégoriques ayant
trait à la paix.

12 — Boîte carrée montée à cage en or gravé à feuillages
et ornements et doublée en or. Elle est ornée de six
panneaux peints sur émail représentant des paysages
animés de figures.

13 — Boîte de forme contournée décorée de peintures sur
émail représentant des sujets variés.

14 — Jolie tabatière carrée en ancienne porcelaine de
Saxe, décorée de sujets allégoriques finement peints en
couleurs et montée en or gravé. Le couvercle représente un buste de souverain soutenu par deux figures
de Renommée, encadré d'ornements en or ciselé in-
crustés et surmonté d'une couronne royale en roses.

15 — Boîte oblongue avec monture en vermeil et pourtour
profilé en nacre de perle. Le dessus et le fond sont
ornés de miniatures sur vélin représentant des vues
de châteaux avec parcs et à l'intérieur du couvercle
dans un médaillon rond, on trouve le buste en or de
Guillaume IV. Cette pièce est signée *J. Stagman*.

16 — Boîte carrée montée et doublée en vermeil. Elle est
ornée de six miniatures sur vélin représentant des
vues de Trianon.

17 — Boîte oblongue en écaille, ornée sur le couvercle d'une jolie miniature ovale sur ivoire du temps de Louis XVI, représentant un portrait d'homme portant la plaque et le grand cordon de l'ordre du Saint-Esprit.

18 — Grande et belle boîte de forme contournée du temps de Louis XV, en nacre de perles sculptée et couverte de belles incrustations d'or ciselé en relief représentant des monuments rocaille ainsi que des figures mythologiques. Elle est doublée en or. Époque Louis XV.

19 — Boîte formée d'un chien couché en or repoussé. Ses yeux sont formés de deux roses et son collier porte l'inscription gravée : *toujours fidèle*.

20 — Boîte à fiches en écaille ; le couvercle avec cadran mobile est enrichi d'incrustations d'or et de nacre de perle gravée. Travail du temps de Louis XIV.

21 — Boîte carrée à angles arrondis et pourtour profilé en prisme d'améthyste. Le couvercle est orné d'une applique en or repoussé représentant des ornements rocaille ainsi qu'une figure d'Amour. Époque Louis XV.

22 — Boîte de forme contournée en prisme d'améthyste montée à gorge à charnière en or. Le couvercle en or gravé et émaillé bleu est orné d'une peinture sur émail.

23 — Boîte oblongue à angles coupés en lapis-lazuli montée à cage en or gravé. Époque Louis XVI.

24 — Boîte ronde en agate montée en or.

25 —. Boîte ronde en bois pétrifié avec sujets exécutés à l'aide d'acides. Monture à gorge en or.

26 — Boîte ronde en or guilloché. Le couvercle est orné d'un camée à deux couches, signé *Mastini* et représentant une tête de Mercure.

27 — Boîte ronde en argent doré. Le dessus est orné d'une médaille portant la date de 1762.

28 — Boîte formée d'une coquille avec couvercle en argent niellé sur fond doré.

29 — Boîte carrée en argent. Le dessus est orné d'une peinture sur émail avec figures et ornements d'or en relief.

30 — Boîte carrée émaillée blanc avec ornements rapportés en relief en or et émaux de couleurs. Monture en argent.

31 — Boîte plate en argent ; le dessus est formé d'une plaque émaillée en couleurs et or.

32 — Deux autres boîtes en émail de Saxe, dont l'une à fond bleu et figures dorées et l'autre à sujets en grisaille. Cette dernière est montée en argent.

33 — Boîte carrée en porcelaine d'Allemagne à décor d'or et ornements en couleurs.

34 — Petite boîte ovale et profonde en agate orientale.

35 — Boîte plate en acier ciselé et ornements rapportés.

36 — Drageoir en écaille incrustée d'or. Époque Louis XIV.

37 — Boîte de forme contournée en bois sculpté à bustes, figures et ornements.

38 — Boîte oblongue en mosaïque de nacre.

39 — Boîte ronde en vernis de Martin, à médaillon de personnages en métal et en couleurs.

40 — Boîte ronde en ivoire, avec médaille, aussi en ivoire, de la grande Catherine.

BIJOUX & ORFÈVRERIE

41 — Joli nécessaire formé d'un coffret carré en agate orientale monté en or et couvert d'ornements rocaille et de figures en or repoussé et découpé à jour. Il est surmonté de quatre petites consoles plaquées d'ornements en or repoussé, servant de support à une montre au-dessous de laquelle pend un petit médaillon ovale renfermant une miniature et représentant un portrait

d'homme. A l'intérieur se trouvent divers ustensiles et flacons garnis en or ainsi qu'une petite boîte à miroir ornée de deux plaques d'émail décorées de fleurs. Travail du temps de Louis XV.

42 — Joli nécessaire de poche en nacre très finement sculptée et enrichi de belles incrustations d'or gravé et ciselé à figures, mascarons et ornements. Il renferme divers ustensiles montés en or. Travail du temps de Louis XIV.

43 — Très joli petit éventail en vernis de Martin représentant sur une de ses faces le triomphe de Vénus et sur l'autre des oiseaux dans un paysage.

44 — Joli nécessaire porte-tablettes en vernis de Martin à fond vert, décoré de sujets champêtres et de fleurs. Il est monté en or gravé et repercé à jour et contient divers ustensiles dont une partie montée en or.

45 — Souvenir porte-tablettes en or gravé et bandes de nacre incrustées. Il offre sur chacune de ses faces un médaillon ovale disposé pour recevoir une miniature, encadré de festons de fleurs en or ciselé retenus par un ruban. Époque Louis XVI.

46 — Coffret oblong à contours en écaille piquée et incrustée d'or et enrichi de nacre de perles gravée. Il est décoré de sujets de chasse et d'ornements. Travail napolitain du temps de Louis XIV.

47 — Plateau oblong à lobes de même travail. Il représente l'entrée d'un port de mer. Même époque.

48 — Montre en or avec boîtier extérieur en agate monté
en or à ornements rocaille, festons de fleurs et arceau
découpés à jour. Elle est accompagnée de sa clef en or
et agate. Époque Louis XV.

49 — Montre à répétition en or à double boîte. Le boîtier
extérieur est décoré de figures mythologiques, de bustes et d'ornements repoussés en relief et repercés à
jour. Époque Louis XV.

50 — Bracelet en or ciselé à ornements et tête de ché-
rubin.

51 — Petit flacon de gant en or repoussé en forme de vase
et incrusté de turquoises.

52 — Flacon de poche en cristal avec recouvrement d'ornements, de figures et d'oiseaux en or repoussé et
repercé à jour. Le mot *souvenir* réservé sur fond
d'émail blanc se lit sur la gorge. Le bouchon est formé
d'un oiseau.

53 — Jolie pierre chatoyante, taille cabochon allongé.

54 — Grand vase sur pied élevé à nœud et à couvercle
surmonté d'un petit vase de fleurs en argent repoussé
et doré à mascarons et ornements. Travail moderne.

55 — Jolie petite coupe ronde et basse à anse plate en
argent doré et niellé. Travail russe.

56 — Nécessaire en argent repoussé à fleurs et ornements rocaille. Divers ustensiles manquent. Époque Louis XV.

57 — Petite coupe ronde en argent gravé et repercé à jour.

58 — Trois petites tasses en argent dont une dorée à l'intérieur et une autre ornée au fond d'une médaille de la grande Catherine.

59 — Pièce en argent doré ornée de feuillages émaillés en couleurs et enrichie de pierres fausses provenant d'un tableau russe.

60 — Peinture sur émail de forme cintrée représentant la sainte Famille. Cadre en argent émaillé.

61 — Autre peinture sur émail représentant un saint personnage, avec cadre analogue.

62 — Trois pendentifs en argent doré et peintures. Travaille gréco-russe.

63 — Un couteau et deux fourchettes à manches en argent émaillé. Époque Louis XIII.

64 — Montre en argent avec double boîte en ivoire sculpté à figure et ornements.

65 — Montre Louis XIII en cuivre ciselé et repercé à jour.

66 — Médaillon ovale orné d'une miniature sur ivoire et d'une silhouette sur fond d'or.

67 — Joli flacon-tabatière en verre double blanc et rouge et médaillons peints sur verre. Travail chinois.

68 — Deux autres flacons tabatières dont l'une en imitation de turquoise. Travail chinois.

69 — Petite figurine de négresse agenouillée, sur socle en cuivre et lapis.

70 — Trois croix gréco-russes dont une en argent et deux en cuivre.

71 — Petite coupe en émail cloisonné de la Chine. Travail ancien.

OBJETS VARIÉS

72 — Coquille nautile montée en argent doré et pied formé d'un petit vase en vieux Japon.

73 — Petit buste de Voltaire en ivoire sur pied en bois noir.

74 — Théière en cuivre émaillé blanc à figures rapportées en argent émaillé. Travail allemand.

75 — Coffret en os sculpté et repercé à jour. xviiie siècle.

76 — Drageoir Louis XIII en fer repoussé à fleurs et oiseaux et repercé à jour.

77 — Petit amorçoir en forme de vase à panse circulaire aplatie en fer à mascarons et ornements en relief.

78 — Statuette d'homme debout portant un vase et dans l'attitude de la marche. Ivoire du xviie siècle.

79 — Statuette d'Hercule d'après l'antique. Bronze du xviie siècle sur socle en malachite et moulure en bronze doré.

80 — Deux bouts de pipes en ambre avec cercles en or et turquoises.

81 — Quatre statuettes en pierre de lard. Travail chinois.

82 — Quatre petits socles ronds en malachite.

83 — Deux petits vases Médicis en albâtre.

PORCELAINES & FAIENCES

84 — Joli petit seau en ancien biscuit à fond bleu et ornements blancs en relief, garni d'une jolie monture Louis XVI en bronze ciselé et doré au mat à têtes d'amours et à quatre pieds de biche. Socle rond en marbre à moulures et perles en bronze doré.

85 — Encrier monté dans un sucrier oblong à couvercle

en ancienne porcelaine tendre de Sèvres, à bords bleu turquoise et décoré de fleurs en couleurs et festons de perles roses. Il est garni en bronze doré.

86 — Deux jolies niches modèle rocaille à branches de fleurs, en ancienne porcelaine de Saxe.

87 — Statuette en vieux Saxe : le Batelier.

88 — Deux autres statuettes : Jupiter et Neptune.

89-91 — Treize figurines des diverses fabriques d'Allemagne. Ce lot sera divisé.

92 — Deux statuettes en porcelaine blanche d'Allemagne : Jardinier et Jardinière.

93 — Deux statuettes en biscuit de porcelaine : les petits Vendangeurs.

94 — Très petit cheval au galop en vieux Saxe.

95 — Autre cheval plus grand, imitation de Saxe.

96 — Groupe de trois figures en porcelaine de Saxe : Jardiniers et Jardinière.

97 — Assiette en vieux Saxe à médaillon de paysages et sujets chinois.

98 — Socle rond à tors de laurier et draperies en porcelaine de Saxe.

99 — Deux petits vases en vieux Saxe décorés de fleurs.

109-102 — Dix tasses en ancienne porcelaine de Saxe ou autres. Ce lot sera divisé.

103 — Groupe de trois figures en faïence allemande.

104 — Deux assiettes en porcelaine dure décorées de fleurs et de fruits et à fond brun clair.

105 — Petite théière en porcelaine du temps de Louis XVI à bandes brunes et or séparées par des fleurettes.

106 — Plat rond en ancienne porcelaine de Japon à décor en bleu rouge et or.

107 — Deux oiseaux debout sur rocher en porcelaine de Chine, émaillés vert.

108 — Deux vases en poterie de Satzuma décorés de paysages avec personnages et de bandes d'ornements. Le tout émaillé en couleurs et rehaussé d'or.

109 — Théière en ancienne faïence allemande à anse à cariatide, fleurs en relief et fleurs peintes.

110 — Fabrique d'Urbino. Petit plat rond représentant un des travaux d'Hercule.

ÉTOFFES

111 — Deux portières en satin rouge brodé à figures et paysages. Travail chinois.

112 — Autre belle portière chinoise de même travail et de même nuance.

113 — Coupon de pluche grenat avec bandes d'ornements en couleurs.

114 — Belle tenture de reps de soie grenat avec bandes de fleurs et ornements brochés en or et couleurs.

115 — Écharpe persane brochée à fleurs et oiseaux en or et couleurs sur fond rouge.

116 — Petit tapis en soie ponceau brodé en couleurs et rehaussé de paillettes.

117 — Écharpe à fond rouge et bandes lamée d'or.

118 — Portière en reps de soie bleu richement broché d'or. Travail oriental.

119 — Tapis de table à dessin broché d'or sur fond grenat. Travail oriental.

120 — Portière orientale à fond rouge et lamée d'or.

121 — Deux tapis de table en drap brun brodé d'or.

122 — Portière en soie ponceau brodée en soie de couleurs à fleurs et ornements. Travail chinois.

123 — Diverses coupes de damas ponceau.

124 — Quantité de bandes brodées en soie de couleurs de travail chinois.

125 — Robe chinoise brodée sur fond bleu.

126 — Coiffure russe brodée en perles fausses et pierreries.

Vente des Lundi 7 et Mardi 8 Mai 1866.

COLLECTION DE M. SAMPSON

OBJETS D'ART

ET DE CURIOSITÉ

TABLEAUX ANCIENS

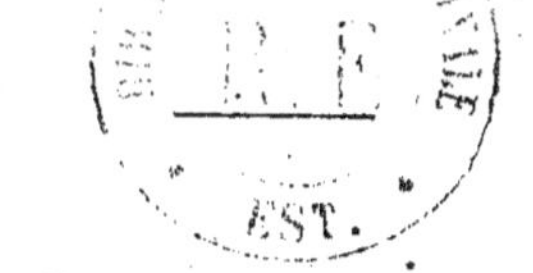

EXPOSITION PUBLIQUE

Le Dimanche 6 Mai 1866

Me Charles **PILLET**, Commissaire-Priseur

M. Charles **MANNHEIM**, Expert.

PARIS. — IMPRIMERIE PILLET FILS AINÉ
5. RUE DES GRANDS-AUGUSTINS